KOON
books

kookbooks { Reihe *Lyrik* | herausgegeben von Daniela Seel } Band 6

Hendrik Jackson
Dunkelströme Gedichte

books

Mit herzlichem Dank an die GWK Münster

GWK)I Gesellschaft zur Förderung der Westfälischen Kulturarbeit e.V.

1. Auflage 2006
© 2006 kookbooks, Idstein
Alle Rechte vorbehalten
Gestaltung: Andreas Töpfer, München
Gesetzt aus der Bembo & der Kookone
Druck & Bindung: Steinmeier, Nördlingen
Printed in Germany
ISBN 3-937445-18-8

Wetterfelder

Verschwommene Ränder

I

Fahrten lauter Lichter, Eisentüren, über uns Cassiopeia unwillkürliche
Reflexe verwischten die Momentaufnahme *(Schattenwände standen)* –
der Puls der Ampelschaltungen, einen Brief in der Seitentasche liefst du
verliefst dich im Dunst, plötzliche Panik trieb an: im Strom der Stadt

(strömender Regen) – Müdigkeiten überschwemmten, ein Detail verlagerte
seine Referenz. die ganze Weite ringsum riss auf, Folge ineinander
drängender Luftströme. im Café der Abglanz eines jubelnden Bildes
(lightning fields) – die diffuse Angst, unter Überlebenden zu sein

II

an den Fassaden lief Regen ab. ein schwarzer Vorhang beiseite
geschoben, Rinnsale, unter metallenen Schildern spülte es
Bildfragmente weg, quillende Laute im Dickicht *(Kulisse)*
doch verwittert. ein Insekt fiel in die Straßenlaterne, es knackte

dann der ganze Straßenzug mit Himmel *(die Stadt gab es nicht mehr)*
befleckt. unentwegt unbewegtes Sichentfernen *(von weit her)* Grollen
Grauschleier, erkenntlich nur auf Fotografien. dein Blick, sah ich
führte an mir vorbei. später nahmst du die Fährte auf

III

… leeres Brennen *(i shaved the mountains)* Eis am Fenster: Kristallisationen
Verläufe schwarze Schemen – und allein gelassen die Lichter, deren Ketten
sich durch die Häuserreihen zogen, die immergleichen gedämpften Laute
wo die Grenze zur Dunkelheit war – auf der Allee dann der Schmerz

schien stumpf. das bekamst du ab. es war ansteckend, ein Denken, schneller
als das Denken – uns aber überstieg es … *(unstetes Gemurmel)* schlohweißer
Horizont hinterm Schornstein *(Schatten)* – Krähen, und alles wie aussortiert
– lästiger Plunder. Barometer Niederschläge kein Anzeichen für Wunder

freeze frame *

I

von der Seite zog es in die Ärmel, einige Halbworte verschluckte
die Müdigkeit, zogen wir in die kältere Frostluft an der Rückfront
eines entfernten Gebäudes, ein Paar zwischen den Häusern, nachts
der Baum *(Kescher)* durch den knisternd Winde abflossen –

langsame Scheinwerfer Stille körperlose Schritte, dann Sätze
einer hergebrachten Handlung *(Zwischeneinblendungen)*. im weichen
weißen Mantel floh die Eisprinzessin vorüber, Geister gingen durch
die Reihen der Sitze, der Häuser *(deine Hand lag leblos in meiner)*

---

* sprich: Standfoto-Kopie, *still*, das im Film kopiert wird, also *(unbewegt)* fortläuft.

II

Geklirr gläserner Eiszapfen, das kalte Glas vor der Auslage, einige
Kristalle *(Siedlung).* für einen Augenblick war reines Nichts
der Horizont im Umdrehen weit *(die Lider wie weggeschnitten) —*
reglose Luftschichten, du träumtest: dieser öde öde Nachmittag

ein feiner Riss — Lächeln, Lautsprecher schepperten im Eiszelt
das stete Summen des Aggregats, wie wir einzeln ausschwärmten:
kurzweilig Unruhe, fliegende Schatten über gleichgültige Gitter
(alte Reklamen) hinweg. Dunkel sickerte durch ein Loch am Himmel

III

die Tür klappte auf: der Schnee fiel *(schlief)* in dichten
Flocken – und stäubte, da begann etwas halb Vergessenes
Gedanken passierten mühelos – zwei standen unbeachtet
wie wir damals, aufmerksam auf einen Arm *(Pelz)*

auf eine Wendung, erstaunt, im Gespräch um Zuneigung
das Fahrrad, Gestänge und Lenker, Schnüre und Speichen
wurden weiß, wie von Kokos überrieselt *(die schweren Mäntel)*
feine, zweifelnde Versprechen, dein zurückgestecktes Haar

Wasserziehen

I

drückend diese vor Zeiten angekündigten Windböen, sich anpressend
an die Rücken – dumpf schlug ein Stein auf dem Asphalt auf, irgendwann
sprach ich *(benebelt)* von Understatement. ein Bonner Karnevalszug zog
die Spree entlang. ich lief wieder über denselben Platz, der leer schien

– ein Wetterumschwung begünstigte Entscheidungen. Farbabtragungen
warme und kalte Luftschichten, Bruchstücke von Bildern an Wimpern
meterhoch trieb es dann stäubende Regenmassen, zersprühte an Firsten
als du abließest, brach durch den Schleier ein wenig Sonne – – *(still)*

II

im Vorraum zwölf Uhr nachts *(ein schweres Gefühl)*
ab und an ging die große Tür auf – draußen
schwelte die Luft elektrisch
der Donner rollte quer über den Himmel

das Aufbrechen der Schichten und blinkhell
der Asphalt ausgestrahlt wie von innen
(totes Licht) und das Schütteln eines Stoffballs
in den Fängen eines riesigen Hundes

III

– – durchziehend: vorbei an Holzlatten Schutthügeln Stäben, brachem
Gelände *(hinter dem Traum)* im eingeschlossenen Bezirk, irgendwo
kamen Mittelmeerbrisen auf, dein Staunen, der Körper: eine Hülse –
dunkel, so die Luft dran hin. auf den Straßen, als du auftauchtest:

dein *(nur in dem Moment)* abfotografierter Leib. flüssiger Bernstein
an Dächern, Steinen. nun verschwandet ihr hinter der Windmauer
jemand zählte das Halbdunkel an, es schwankte. Scheinwurf, Echo
eines Klickens, geschlossene Blende, es schüttete weiter Bilder zu

Vakuum

I

diese Wege: bei null anfangen, herrlich. geschlossene
Neuschneedecke *(Schweigen)* das Licht reflektierte wie verrückt
und Stapfen Stapfen. der Sieg – ausgemacht, Berührung
unausweichlich. erst bei ganz flachem Sonnenstand gabst du

wieder Worte von dir, zeigtest unvermutet Reaktionen, *Albedo*
sagtest du, dein Profil in graugelber Lichttönung, Horchen
ins Vereiste, wirbelnder *(Luftschneise)* Schneestaub *(Glaskugel)*
wo sich der Kreis schloss, hielten wir ein, Leere umhüllte uns

II

Fallstreifen, lohfarbene Schlieren *(Nasenbluten, Druck aufs Trommelfell)*
am Himmel. der zu Kopf gestiegene Widerschein, flackernde
(Leuchtfeuer) Anpassungsphänomene Bildstörung, dann –
die Fluchtlinien getilgt. jeder Schritt im Schlepptau überwach

im Strom der U-Bahn, gekacheltes Weiß der Boden leichte Vibration
übler Geruch und steifes Knie, klar: Nacktbilder, bedrückende Stille
Gewimmel *(Mündeltum)*. Gesicht *(flaches Zischen)* wie es sich zur
Seite dreht, seitlich – Konturen, verwischt. Drähte Pfeiler Tunnel

III

Mai, zehn Uhr, Morgen. der Tag steht vor Hitze
die sich ausbreitet. vom Hausrotschwanz oder vom Grünling
schreiben, wie Friedrich II., der Ornithologe. sein Falke
freilich starb *(Beiläufigkeiten)*. aus dem Keller: Bienensummen

unsterblich in anhaltender Wetterlage *(im Schutz der Älteren)*
voll Nähe – der Tag – war weit. ruhig auf dem Bett, dem Salamander
abgeguckt, mit *(zugeklebten)* Augen. aus Honig gewonnene Sonne
ausgelassene Sonne. *(blurred)* Land unter mir, traumverwoben

Ladungen

I

deine Fresse steht im Licht. warme Betonpfeiler Ecke
eine Spanierin kommt nah, eine *(geblähte)* Handtasche
du hältst einen Augenblick den Rand, du siehst:
im Dunkel ein *(gebogener)* Schwanenhals, durchgepaust

– ein paar Bilder später – auf die Begierde. es macht
Freude *(das Riff, in der Stille: schäumen)* der Schauer
Angst. wie ein Getränk kühl, in der Menge *(Beine)*
knapper Luftzug. wechselnde Streifenhelle am Hals

II

krass – wie alles ineinanderhakt: Zweig und Himmelsäderchen
ein Orkan heranrollt – stark – sich die Kiesel krallt kaut und Werg
zusammenweicht. *(silbern: Töne)* trompetend, aufschießt
ins Unkraut niederprasselt, wo verräterische Fragmente

zwischen Aufleuchten und Vergeben – erlöschen. vibriert unter
warmer Hand: geladene Teilchen, Erdreich aufgelockert
an der Mauer geht der zackige Riss – fast an die Wurzel – –
Auspizium versonnener Nachzügler, ohnmächtig gegengelehnt

III

die Ziffern blieben geheim. die Reihen vor den Ämtern
und die erstarrten Gesichter ließen Ahnungen aufkommen
im Rücken zuckte etwas auf *(clair)*. ein Scherz sicherlich
– nichts Genaues zu erkennen, Dämmerung ein Rumpf

hinweggefegt die Bauten. hinweggefegt die flimmernden
Teilchen. Datenträger, die witterungsbedingt nichts
verzeichneten. Lichtausfall *(Liaisons)*. was blieb, schien
unerheblich. rauschte unversehens, tauchte – Dunkelströme

Einfallswinkel

I

wir räumten Lagerhallen aus, reichten in einer Kette
die Kolben weiter – eine Hitze war da draußen, der Druck
an den Händen und leicht schien die Möglichkeit eines
unverhofften Todes ... der kurze Sommer '37

liegt auf der Lauer *(nachladend)* versonnener
Hinterhof, Kastanienallee. neben dem Fourageschuppen
beim Anblick eines *(genauen)* Lichteinfalls auf den Scheit
Holz die Mauer den Ausschnitt des Gitters vor Abend

II

ein kleiner Stern im Augenwinkel, wie Flocken leicht dämmerte da
jemand so vor sich hin, Freund, ein schweres Rollen setzte ein, fracto
cumulus *verdeckten Zeichen den Himmel Formationen, wechselhaft –*
nahender Frost und die Sonne auf der anderen Seite ... so entfernten sich

die Erinnerungen, lasteten unter zunehmenden Haufen, Wechten
– welligen. Wörter, zum Verwechseln ähnlich, innen überschneit *(Blust)*
bleiernes, mühsames Erklimmen – haltloser Schlummer, fern blaue
Kimme *(blank)* Schneeschimmer Schwärze, glimmt dunkle Lucht

III

da uns also jene Region in ihrer Gesamtheit unbekannt ist, so bleiben ihre
Bewohner uns völlig unbekannt … wir dürfen nur annehmen, es gebe
in der Sonnenregion mehr sonnenhafte Bewohner … an jenem Tag war Luft
schwer, und ungefähre kommende Tage machten glücklich unerfüllt

gutes Gedächtnis, Wetter: Reibungen Entladungen, das zeigt ja
dass keine Gleichung, und überdies mit Unbekannten, je aufginge
– Leuchtgestöber, Erdschatten. du fielst mit dem Schlaf in eins. wie
Blei *(Schleusenzug)* silbrig – Reuse Brasse träumte es, Flutungen

Wolkenvlies

I

aus dem Dunklen tretend *(Impulse gebend, Verschlucken)* fordertest du
Anhänglichkeit – *(aufflatternde)* Ahnung, eines ergab sich
aus dem anderen, Bedeutungen gingen freie Verbindungen ein
du folgtest dem Reaktionsmuster in verschneiten Parks *(hegelianisch)*

schien im Zusammenhang alles beliebig, aber virtuos *(hob manchmal
den Kopf, schläfrig, ein Flusspferd)* war da nur ein einziger Tag
ein Tag, der nicht verging *(kaum zu Ende gedacht, verschwand er)*
– Flattern breitflächiger Planen – – weiße Zwerge *(Feldschnee)*

II

was hatte diesen Schmerz ausgelöst, als alles *(Stimmengewirr)* mitmal
vorbeizog und du taub, benommen, standest im Zentrum eines künftigen
(glorreichen) Jahres. dass etwas aus dem Himmel fallen könnte, du –
angestrahlt. Lichtkegel, wandernd, uns abtastend, unsere Glieder Venen

– Wehmut. Wolkenvlies so hell, dass es wie fliegende Distelwolle aussieht
silberne Flüsschen, Flitterfäden *(bloß fortzuspinnen, wie es)* glitzert, blinkt
dann dunkler Glummer – Lumen gloste: Barren glomm *(erhabend Abendlicht)*
red nur – so der Wind dreht, wie er will: ein Spiel ein Spin ein Drill

III

Schriftzüge tauchten auf. und hier und dort in den Gassen tranten
Worte durch den Nebel – die Stadt unter einer Glocke. alles zur rechten
Zeit. Fabulation von *(verwinkelten, anhaltenden)* Wintertagen. dagegen
fransende Wolken *(Polaroids)* wenn es mittags plötzlich aufbricht

– dann setzt das der Verflüchtigung auch nichts entgegen. zuletzt
Weltschmerz, den das Treiben der Schneewehe vorschlägt *(Klirren)*
oho. Panorama – Zeitalter, ferne – als ein Wust von Geschichten
sich abrollte *(Polarmonde)* – Erdhalbkugel, verwesend obenhin

Skizzen von Flüchtigkeit

I

waren das Wolken? sieh die frostweißen *(geschüttelten)* Täler
die Herrlichkeit von goldenen Armaturen, aufschäumende
Weiße *(symmetrisch)* flockig mit halbseitiger Randschärfe. Punkt
zwei Striche: Schwingen der Möwen, Saugnäpfe der Seele *(Auguren)*

– vertraute Wärme, Plus-Minus-Konnotationen. *man konnte sich
gegen die Yorckshirebrise lehnen wie gegen eine lebendige Hecke*
dann: *tief zitterndes transparentes Blau.* na also. Schwüle, erdferne
Schwärme, Troddeln der Kindheit, weithin himmlische Sehnsucht

II

unter Schaudern sich erinnern an *(wetterleuchtende)* Wochen, leichtsinnige
Stärkeflecken am Himmel, ein horizontweiter nebliger Schleier treibt Wogen
vor sich her. Überlegungen, beständiges Nachdunkeln schwere Materie *(Globus)*
geduckte Landschaft nach Regen. Wetterfühligkeit, mehr als die Summe

der Moleküle – – Vollmond und winzige Nadeln, noch zeichnet Constantin
an seiner letzten Studie *(Turner nachlesen bei: Ruskin)* die Platanenallee nun
goldorange *(Planet)* – gut erknobelt, mehr hatten wir nicht gewollt *(Glorie)*
auf den Stufen des Palasts – regungslos. Würfel, beliebig. blieben liegen

III

endlich grandiose Wetterfelder, die Wolken verschwanden. das Ende
setzte sich selbst voraus *(nie daran gedacht?)* – man wich – getroffen –
seitwärts ... wir reden ja nicht in Gegensätzen, sondern warten ab
und zu *(geblendet)* auf ein gutes Wort, an der bröckelnden Seite

der Mauer, vorhin: kurze Verwirrung, als man sich unverhofft
begegnete, es sich einprägte, wie ihre Haare ins Gesicht fielen. dann
gedankenvoll *(nein, einfach sternhagel-)* in eine Lichtung wanken
einschlafen mit trauter Wetterlage, den Kopf auf die Brust – –

Kulissenleuchten

Prag

lichter Regen, brockige
Felsen in die Gegend gestreut Bretter
die auszubessernden Gleise, es klingt
metallen, ein Laut geht durch die Hohlräume des Zugs ...
o die Frauen Kafkas und noch Schrecklicheres
    aber die Brücken die Brücken, die für alle
glänzen, Lichtperlen, die die Abendbrust schmücken
der schimmernde Fluss, tiefblauer Ausschnitt
– viel zu üppig *(wogend wie Sopranbusen)*
    und urplötzlich in einem Viertel, an das ich mich
erinnere wie an eine andere Stadt.
    und nach jedem Schluck Pils
quillt Glück, verquollene Augen
    Angst, sich zu bewegen, diese Hoheit aufzulösen.
dann eine Gestalt wie von Moorlicht verschluckt
    (Froschauge) copyright by Teich

Zürich, du bist mein Zwingli

etliche Leute kamen in den Raum – Grüße, während draußen
    Kulissen standen. Gemurmel umfing, drängte
(blendendes) o üppiges Juchzen hinzu. endlose Verteilung von
    Phänomenen Menschen auf global verkettete Abende.
Zürich Zwingli die leuchtend opalen Fenster und das Ufer
    (ein Ingwerhaus) – du sprachst von schimmernden Tagen
Türmen, die wir ersteigen, von Dingen, die man darstellt.
    leuchtete triumphal ein Wasserfall kristallklar, Bank
am Rand von Blättern umweht, Herbstblätter, die hinabrutschten
    da ging es los *(und Puppen lachten)* aus all den Augenschlitzen
ging es wie Auflodern *(Morden)* und jede präzise Wendung hob
    einen Moment lang, du warst der Erdball das Blau

(Tusch!)

erst fackelst du die Momente ab, schmeißt Wörter ein
    dann wirst du augenrollender Troll angeknockt, schwankst
und tauchst aus zärtlichen Erwägungen heraus auf in einer
    (schlagartig) ausgeleuchteten Menschenmenge, beäugst
Terrestrisches mit dem schiefen Blick des Hundes *(wow)*
    während du den einen Moment nicht ans Fenster lässt *(Gerangel)*

dann hörst du Schlösser klirren, es ist schon erstaunlich, wie
    genau alles und in Wiederholungen abläuft: erster Raum Wut
dann zweiter Raum Resignation und dann und dann *(Tusch!*
    o du lieber Augustin) schmelzende Schutzschicht, bis du jemandem
nur noch heilige Empfindung wünschst. so weit, so Wunderwind.
    warst du Handlanger des voll pulsierenden Geschicks? jojo

Gruppenrahmen

also räumtest du die neuesten Codes ab, inmitten
von laszivem Geschnuppere, Stimmen-
Gestöber, in die Küche schlittertest du mit lässig
geöffnetem Kragen, herrje, heilige
Sebastian-Brust. diese Gruppenrahmen, Foto-
Platten im Gepäck – o Auslöserlicht –
lümmelten wir bei inständiger Ripphemd-Freude
das macht Kraft das ist unser Eldorado
– du Wächter, deine Sorge ist Kleinmut

slowakische Nachmittage *(Köpenick)*

es endet unter den Sternen, es gibt sich geschäftig, dies Scheuern
    mit beißenden Putzmitteln, bis blank *(ganz)* blank *(nur)* ein
Gruß an den Nachbarn fällt. *(wem, sagen sie)* kann man denn glauben
    (und legen sich ganz genau in die Vertikale) – manchmal ein trübes
(o wie leuchtendes) Gewitterzucken im Vorgarten *(schräg)* neben dem
    Tassenrand liegt slowakischer Rumzucker *(wenn jetzt noch)*
die Katze hervorbuckelt – was streicht der Hausherr in seine Tasche?
    nimmt von *(unter)* dem Kleid ein altes Bild *(während)* plötzliche
Sonne über das *(verwunderte)* Gesicht *(fährt)* er achtet das nicht, erfindet
    Überschriften, ruft *(geblümten)* Busen hinterm Gartenhaus vor

Minuskrone

wahrlich, ich hätte die Welt vor ihr ausbreiten
das hätte ich wollen, von Allee zu Allee
als ich neben ihren drallen Brüsten lief
– tumb und der Ohnmacht nahe –
und wusste, wir würden
übervoll wie das Rascheln der Pappeln königlich.
wohlan, zum Gras hätte ich gesagt: wachse
– und siehe: ist nicht jedes Gras, hätte ich geflüstert
zupfend an der Spitze eines Halms
ist nicht jedes unter ihnen unser Bruder?
Applaus wäre als Regen bedächtig
aber leise prasselnd in alle Ritzen gefallen

hätte ich da wissen sollen, ich müsste mindestens
haarige Hände und Bauch haben wie einer
dieser Männer? ich dachte an den vom Unglück
verfolgten tschechischen Bäcker Jan Marhoul
der nur ein Weib im Leben gesehen
und gottesfürchtig jungfräulichen Teig knetete.
das jagte mir Schauer über den Rücken
heftig atmend ihre Nähe …
hernach wäre unter jedem Stein eine
kleine Begräbniskapelle hervorgetreten
um, fern im Wald, unser Lied zu spielen

also durchwehte scheppernder Troubadourgesang
den fassungslosen Wald, der stumm stand.
ich wurde einer der herrlichsten
Bettler unter den Blattläusen und ahnte
während ich eine letzte Wendung ersann
mein Negativabzug würde, rückkehrend in die Stadt
bewundernd begrüßt von der Kaste entblätterter Herbsttage.
noch nie hatte jemand so virtuos
so haarscharf einen Takt zu spät sich gefasst
wie ich, um endgültig hofnärrisch zu werden

und wurde jemals jemandem
eine klarer funkelnde, Wollust
abweisende Kristallwand in den
vor Nöten schweren Blick gezogen?
keiner würde besser von den schwarz-süßen Trauben
erzählen, an die er, in der Krone sitzend
kaum heranreichte, und wie dann heimwärts
jeder Kellereingang in den Straßen mir
die Schulter hinhielt, um mich darauf zu tragen
durch die Menge ergebener Bohemiens
das rührte mich, ich wusste, sie hatte
mir maßgenau die Minuskrone aufgesetzt

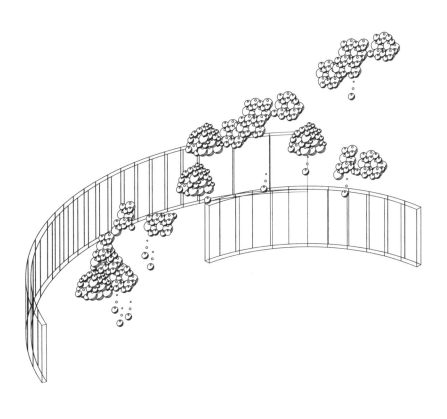

Anmerkung zu Jona

das Wort, das nicht eintrifft –
    trotzdem, wir gehen nicht in die Immanenz
eines dickbäuchigen dunklen, kaum
zu erforschenden Lebens sich in sich
im weiten Meer des Wals –
    es strömt, läuft
    über die Augen

immer wartest du auf ein Zeichen –
    unsterblicher Stursinn
und der ganze Himmel hing voller
Leuchttierchen, so träufelten wir
die Lüge in Jonas Ohr
    zieh hinaus in die Welt
    in die zerzauste Leere

Witiko

alles steht. plötzlich, ein unmerkliches Zittern bringt das Gefüge aus dem Gleichgewicht. am Horizont naht fremdes Gewitter, hereinbrechender Hagelschauer

(Vorsicht dies Poltern) gemessene Schritte *(ein Ausmessen)* wo der Zaunkönig sitzt. Fahnenhissen *(kleinmütig, sei in meiner Stille) (nicht zu hören)*

das Unerhebliche schiebt uns sanft. Waffenklirren – blankes Silber. Sonnen stehen. über den Hügel ein Ritt. Sattel, Fuß. ein Ritt über den Hügel

Tschechow auf der Krim

er ist über dem Schreibtisch
ins Licht gebeugt, das fleckig
hereinfällt. draußen ins Schräg gekippt
Grauschwarz der Stämme, die abgebrochene
Stimme des Briefs. Schritte eines Kranichs
knarzendes Parkett. dann das Meer
rauschend noch und noch, Ruhe des Steins

Rufe Rufe, schwirrend
nun von der Veranda her.
Mark Aurel: dass ein kurzes Leben
und ein langes übereinkämen
– Formationen des Zerfalls
Erdgruben und Schattenstäbe
vom Schwarz noch verschluckt

Autorin aus der Hejan-Zeit

im Jahr 1007, mit *Ach* gespickte Bücher von Geshi und der Dame
Rokushu, detaillierte Anordnungen, raschelnde Gewänder, Seide
und Besatz, der Lauf der Jahreszeiten verwandelt in Kalligrafie
und Dichtung: Pflaumenblüte, das Bild eines Kranichs

am offenen Fenster Schattenspiele vor fernem Fluss
nunmehr die Wehmut der Flüchtigkeit, Hagiblüten
ihr Eingeständnis: Tagebuch einer Eintagsfliege –
und dann kommt der wache Frühling
und sie tritt heraus

waren jemals
die Ärmel so mit Tusche getränkt?

Palinodie*

alles bliebe … alles bliebe Beobachtung: die Flocken die Segel
    die Gläser die Brücken die Eisblumen die Anflüge von Angst
morgens, eine gewisse Zeit lang alles verwechselt zu haben …
    bleibt überhaupt alles, steht, unbewegt, hält sich in der Schwebe
und kräuselt an der Oberfläche – zitternde Spinnweben Gesichter –
    alles bleibt, der Schimmer über den Polen die ungerührten Halme

Einkehr in überfüllte Cafés das Schwappen am Ufer und die See
    kein Umsturz keine Veränderung – nur der zärtliche Traum
eines ferneren Winters, der niemals bliebe, wie etwa dieser Winter bleibt
    bliebe wie alles Gleichgültige Gesetze wie Energieerhaltung
Wechselgeld Totenkopfschwärmer und Dunkelanpassung, global – –
    Widerhall, die Sonne dreht sich, dreht und nichts kommt zu spät

---

* auf das Gedicht *Nichts bleibt* (aus *Einflüsterungen von seitlich*).

Inventar der Welt

Wanderschaft? Stimmen? *(sirrende Drähte)* – sahst du beim Landen: himmelwärts im Flieger gehörtest du vielleicht zum Inventar der Welt, in den Augen des Kindes. erst liegt das Panorama da wie eine Eidechse, dann plötzlich wischt es vorüber eine stufenlose Verminderung der Intensitäten, im Glas schimmerte Angst *(bobeobi peli guby)* summtest du. so oder so beseelen wir nur fremde Interieurs leuchten zwischen globalen Leerstellen *(Strohfeuer von Puppen).* aber an Schwermut zu saugen oder den Zaunkönig zum Vogel des Jahres zu krönen – ist eines. wie in Endlosschleifen, verhangener Ausnahmezustand: völlig benebelt *(ein Mail)* brennt der Herbst auf – weht aus der Tür des Cockpits

Quellwasser

Erdreich

Momente von Kristallisation, in den Tag hinein. Frost Luftholen
wieder Traum Zusammenbruch, überschüttet von Zuneigung
als dann Schnee fiel an verstreuten, guten Tagen. als du
dich ins Treiben hinein aus dem Erdreich zogst, himmelan Grüße

verschicktest, Kompagnon warst im vertrackten Tunnelsystem
der psychologischen Schichten, dem ganzen Humus von
Gesellschaft, Zerfall. aber zogst du dich? das Eigene zog
– auch gegens Licht. immer in rasender Grabung. Gesang

Dachkammer

im Blindflug Richttöne glänzende
Schwingen überlappende Ringe von Frequenzen
Bandbreiten unerkannt flatterndes Schwarz
– interferierend – Signale. Flappen ununterbrochen
Füllhornregen Geprassel und eine Glaskugel
rollt über die staubige Dachbodentreppe, geöffnete Luke

Linienführung, im All, was wir sponnen –
Sterne zu Zeichen vernetzend: sterbliche Tiere
(in Ätherwellen eingetaucht) und Äderchenschrift
zu silbernen Bildern, verletzt vom Augenblick, getilgt
unter Baumkronen Netze am Himmel
– ein Faden rollt ab …

Illuminationen, oder?

Häuserstufen, nachts. *(Abstand – Irrlichter)* heraufgeschaut: Ahasver Ahasver
– immerblau die Sphären *(clair)* – überwolkt
unterströmt. welch ein Sturzbach … Materie Luftleere: Schizo-Lötung? wer?

sirrende Drähte *(Boden – Himmel)* zerreißend aufgespannt. Frequenzen: Polk
da was auf am Stein *(Gestammel)* kristallen, leis
Entsetzen Bilderfluss. an Häusern verströmt und in den Hinterhof Abendvolk

ein Ärmel streift, reibt *(Farben – Schemen)* flink bewegt oder einfach wie in Eis
gelegt. Summen *(Bienen)* von unten: stalak
ein Schwarz. mauliges, unwirsches Abtun. diese Müdigkeit, Sinn-Verschleiß

Erinnerung faltet auf *(Abstand – Unsichtbares)* entfällt, aber: Lehm Erde Darg
– die Imme stirbt und Ahasver *(Phantasma)* wogt
finster oder gelb das Feld, Geringstes ging über, verflüchtigte, der Rest – hart

Venedig im Radio

wenn Musik im Radio aufspielt *(schneiende) (springende)* Glühwürmchen
– blüht da Italien? es streckt den Arm aus dem Fenster, neun Uhr abends
ich kenne kein weites Land keine Patrizier, aber auf der Allee auch

italienisch. ach, wie russisch: *(Nebel)* Bilder an die Heimkehr *(in die Nacht)*
(die Umnachtung) oder an die *(Nacht der)* Heimkehr binden, die Stadt wie
Gewachsenes *(Ungeheuer)* – *die Lagune der fauligen Wasserstadt* (Aschenbach)

Meer mit Purpur verwoben, die Stimme versagt wieder im *(feucht)* Saturnischen
(in den Tälern) düster, durchwischt von Licht, schiebt sich eine Platte vor
(mit Schwarz) – *aber im Sommer* (fern und gelb wie Korn) *blendet der Palazzo*

Globusspiel

Wind kommt auf, im Atemholen versagt sich ein Wort *(es wischt
Figuren aus)* – ein Aufkrächzen wird in die trockne Luft gemischt.
aufkommende Unruhe, Zweige rucken. es zieht zu. ein Beben
fein, verschwendet an Ahnungen. kalter Fallwind Spinnweben

Geröll Karst – *(was nicht mehr wacht)* treibt den äußersten Ringen zu
im Globusspiel. erst Umhüllung, dann nahmst du wahr, warst Riese.
zuletzt Entropie, Verwünschungen. dies: dich will ich singen, du
dies *dich sing ich, Muse.* Stämme in spätem Licht *(verwunschen)* luzide

Bilder: abgebrochene Äste, eine Schneise, tonlos schwankende Gräser.
Mattigkeit bettet sich in Erdverflachungen, Mulden – steht gläsern
als Welle. ein Falter, schuldlos – flappt, flappt nach – verfängt sich, hängt.
Rauschen, das hochgeht, sich ausbreitet, durchs warme Blattwerk drängt

Selbstporträt mit Sülze

Kälteeinbruch im April. Ecken Kanten Etagen wie angeschnitten, los *(schräg)* im Gewühl der Abendstadt, farbverlaufene Ränder. eben, jetzt in einer Geste Lichtmeilen entfernt von dir, träumend an den *(glasigen)* dunklen Bäuchen entlang, warmer Halbschlaf – umdöst, dann abermals

(von Autos) ein Tosen *(brandet)* steigt in die Augen, ins berauschte Blau auf*(ab)*zutauchen, während Menschen mich streifen, vorbeitrudelnd *(kosmische) (komische)* Langsamkeit – einzelne Szenen angeschwemmt hinter Glas, abgetrennt in der Luft treibend *(tote Winkel)* schwer und fast

Verworrenes. kein Grund mehr zu ruhen, schummrig sei, was war, wird werden *(Satzteile)* Fell des Fuchses *(dämmert es)* Schafskopf. gute Nacht. aha. Räuberei folgte. Versuche, eine Impression zu tilgen, in Schleifen hängende Wünsche, nachtrübend. Nacht-Rübe, wie in Sülze, verblödet. Türen – fallen

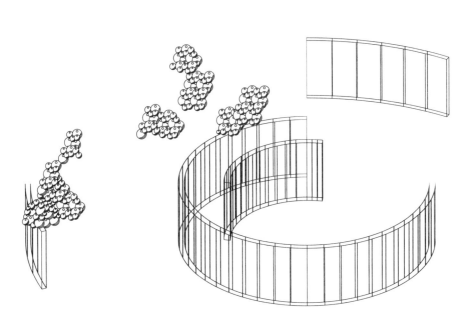

Novemberlicht

was er denkt? sein gespitzter kleiner Mund, schwarz-verschwitzte Haare.
in sich gekehrter Mönch, nichts als heiligen Durst im Sinn. Einfalt unteilbarer
Milch-Ströme. still wie ein Himmelblau, lauter Falten, ein Sturz mitten
durch nebliges, fließendes Licht. Zeitlöcher Klaviermusik ferne Schritte.

Schatten einer Rutsche, vor dem Abend, eine krächzende Saatkrähe
– wechselnde Herbarien, ich lebe, nach Leibniz, nur in einer Welt, zähle
die Stangen der Brücke. das flache Rheinufer, eine Kinderlokomotive
biegt ein in das Grün eines Busches, mir ist, als ob ich wach schliefe.

Stimmen verebben, die Sonne kreist – und rastet im Novemberlicht ein
wir werden dich tragen, wenn du müde wirst. ich steh versonnen, ein Bein
auf der Mauer, erinnere: warmes Vertrauen Vater das Meer, Begebenheiten
von denen ich dir erzähle, während du hinter die Schiffe siehst, ins Weite.

Nichtstun erschien als eine Möglichkeit. der Tag verharrte auf der Stelle
– was war, war wie ausradiert. über den alten Akazien, in der letzten Helle
einige Dohlen. Heimkehr über enge Straßen. Statisches. und unser Warten
dauerte an. auf was? Vorstellungen liefen in den Kinos, in den Theatern

für Arsenij

Rauschen

Regen schuf sich sein Meer und das Meer seine Wellen, schwollen
Wolken über der weißen Gischt des Meeres – helle Töne –
und wie Staub auf der Tonbandspur alles ineinander vermischt
die Stimmen, flüsternd, treten hervor aus dem Gestern, aus
toten Gesprächen, eingewoben ins Moiré anschwellender
…sch…wellender Interferenzen, wohin der Wind geht, ob er sacht
aufbraust aufrauscht abflaut, lau oder leicht anhebt, wie Flausch
verraschelt oder aschgrau in grau verstummt – eine Handbewegung
wenn wie nach langer Krankheit alle Gleichzeitigkeiten endeten
alle Böen sich wendeten aufgebäumt Fragen sich leichthin erhöben

Streit

es war Verwundbarkeit *(eingeigelt gegen das Licht)* – verwundert von all
der Wahrheit, mundgerecht in Stückwerk und Schmähung, unausgesetzte
Glorie deiner Beschimpfung *(Scherenschnitt eines Schluckens, Kopf im Nacken)*
– gefräßiger Wille: mehr und mehr – *(Muschelstein, südlicher Durchzug)*

schuld war einzig ich, schuldlos wie Sterne *(gebohnerte Dielen
erwählte Grüppchen Kleiderfalten)* dein Mund süß an meinem *(elternlose
Prophetin)* – du hattest Mitleid mit allen, wie du dir zusprachst, Worte
wie Epitaphe, oft rolltest du *(erdfern)* hohe Wolkenthrone. Sonne Sonne.

wieviel Abende in Babylon, an jemanden angelehnt wie neu?
und dann: heiliger Zorn brach auch von dir nieder *(Umkehrschatten)*.
ein unter Laternen gegebenes Versprechen zählte nicht. so viel war
immerhin klar, so viel gerechtfertigt. auf den Straßen – kaum Luft

Mittsommernachtstraum

(wie nach langem Schlaf) schien dies Zusammenkommen, leichte
Luft, Cafés, Kastanienallee *(Allee)* – verschwommen kam da vor
(bis ans Ohr) ein Gemurmel *(spanisch)* und schwarz der Himmel
inmitten des Gewimmels vorwärts, wie benommen *(redeten)* wir

– der Sommer. hier Sterblichkeit? und du, entdeckte ich, mir wie
unentdeckt, bloß *(dein Arm neben mir)* eine vertraute Freundin?
stieg es zu Kopf, unser Los, draußen *(Geräuscheregen)* spielte uns
Puck zu über *(Freundes-)* Bande, etwas löste sich *(Schleifen, Jahre)*

rieselte auf die Augen, entfaltete Ausschnitte: übersäte Straßen
Sterne *(sprachst du, russisch)* – Dickicht und hinter dem Verstand
Gewirr ineinander vertauschter Zeichen, ich wusste nichts, klammes
Tuch im Dunkeln, reichte es beklommen weiter – nichts und dann

untergetaucht in diesem *(allmählich schweren)* Gedränge aus *(Traum
aus)* Modeschick, sah ich *(Bändeleien)* dir zu, unverwandt. Luftraum
uns angetrunken – stand offen, schien es kurz, entfachte sacht Rausch
(regungslos) ich drehe mich dir zu, sehe deinen Mund und küsse dich

(cornu copiae)

nur schnell ein Blatt an den Rand geschoben, über Köpfen Surren
wechselnde Schattierungen, wie einnehmend sind deine Bewegungen
– rasch eine Haltung wechselnd, eingeübt. fallende Münzen Vorlagen
und Papier durch Walzen rollend *(weißes Fell)* warme Luftströme – –

zwei Schritte hinaus ans Offene, wartend, helle Auslage, es ist Abend
und wir – selbst Teil eines Ausschnitts: ein Traum entgleitet *(im Getümmel
der Allee)* achtlos, Schilder und Kaugummifarben Schritte Fluktuationen
– getilgte Abstände, nicht *(für)* wahrgenommen, immer neu verdeckt

von vorbeifahrenden Wagen. war da Annahme eines Gegenübers?
justiert im inneren Tumult *(Wortfelder verdunkeln)*? Versuche, Gesten
keinen Anschluss zu geben, der Prismenspiegel im *(zersplitterten)*
Fenster neben dem Trottoir, wie Hosen Ärmel in mich übergehen – –

du rauchst, zur Straße stehend, gehst deiner Arbeit nach. welcher Abstand
ließe Erinnerungen zwischen zwei Bilder? … *(unter Wesen und Gesten
wandeln wie lebend …)* Schlummer Streuungen wiederholt ausgelöste
(gelöschte) Momente, benommen von Erinnerung, empfindlichen Blüten

endet die Nacht, aber der Morgen *(sorgloses Gestern)* wirft längst
Nebel über uns, die Linien am Horizont zerteilen sich, die Mauer
steht, das Dunkel war nichts als ein Schatten in ihrem Licht. Pausen
– ohnmächtig rufe, zähle ich die eingeschlafenen Schafe im Tau

Bewegungen unter Bäumen

I

Bewegungen waren, Aufruhr der Blätter an diesem hellgrünen Nachmittag
schien es allmählich, wie die Silben verschluckt wurden im Andrang des Winds
dass Bilder abtauchten und aufstiegen in eine umfangende Vergangenheit
– wir wurden beiseite geschoben oder kamen zu spät, unterhalb der

Wipfel Gewirr von Zweigen und ein Bild badete in Ohnmacht, silbergrüne
Blätter, so hell und schwankend wie eine überbelichtete Wahrnehmung
vor dem Aufwachen, wenn man noch nicht in den Tag versetzt werden soll
– eine Scholle auf dem Eismeer, die sich ablöst und versinkt im Strom

schwarzen Strom der Töne, Baumgipfel Raumkronen wankende Fülle und
Rauschen ununterbrochen, anschwellend, abflauend, dieser ganze Nachttag
eines Frühlings, ruhige, präzise Anordnungen der Details, gleichgültig noch
in diesem Unabänderlichen durchlässig, gegeben wie Vögel und Luftströme

II

verspielte Lichtstreifen über quer gestürzte Baumstämme, im Wald zu gehen
– Reden ineinander führend, schon einmal war ich hier, bog in einen Weg
ich suchte Widerspruch, passende Einfälle, vergaß wieder, verwirrte, leicht
taub war der Kopf vom Laufen, ich erinnere mich, wie du Pflanzen sammeltest

suchtest den Boden ab, vorbei, jetzt ein sanfter Hügel, die Sonne kommt durch
– ich hielt an. ich lag dort eine Weile. und eine weitere Weile. nichts geschah
alle Aufmerksamkeit sann auf ein Knacken, auf Vernachlässigbares, und Wind
– längst entging ich mir selbst, blinde Areale. wie den Raum definieren, dich?

da war mir, als prasselte, rauschte Wasser, Mal zu Mal, ein Verschließen
und Öffnen der Augen, sanft geblendet. ich zählte Vorübergezogenes auf
Veilchen mit Junggras verfilztes Riedgras Vergissmeinnicht Laub Moder
Staub. Augentrost Dohlen Amseln Kohlmeise Dolden eine Rauchschwalbe

III

und nicht der Ansatz einer Geschichte, nur lichttrunkenes Sichvergessen
ratlose Wanderschaften, endlose Pausen, in denen ich ausgelaugt neben dir
lag, wir bemühten uns um Sätze, doch mehr als ein Flüstern rührte sich nicht.
längst verschollene Topografien Legenden der Bäume Karten, all die Adern

die gegen den Himmel gezeichnet waren, in die Bewegung der Bäume geriet
ich wie zufällig, ein Sturzbach, Minute zu Minute unumwundener versank
ich in Kühle und Klang – Andrang wieder und wieder ging es über uns hinaus
zerzauste die Gedanken, stieg doch mit anderer Stimme, hielt mich gefangen

und wartete auf, mir, dem Geliebten. sanft wurde ein Wunsch, den ich aber
niemals hätte aussprechen mögen, und so log ich, log eine Fährte herbei, einen
Gaukelzug, empfand mich als Verräter und ließ doch nicht zu, die Bewegung
zu beenden, Wellenzüge und Schwindel im Kopf, Wendelgang in die Kronen

IV

Fragmente, all das Zerstreute auseinander driftenden Lebens pulsierte
im kaum hörbaren Rascheln, das anhob, sich verschob, ineinander
drang. all die hundertarmigen Verzweigungen, all die Abschattungen
und opaken Panoramen, wer hätte sie aus den Strömen hervorgeholt

wenn nicht ich? sorglos rohes Gefühl, eine Borke und strenge Regelmäßigkeit –
atmendes Fell einer Treue, wie frei, berauscht, was sich regte, kühn, Abendtiere
– wie es direkt ins Unsichtbare geschrieben sein soll, schwarze Schraffur,
monolithisch, Verwunderung, nichts hielt den Leib fest, der nachgab – Geliebte

dich fand ich dort, im Wortlaut der Übergänge. Herumstehen wie wahllos, über
den Mittagszenit hinaus, hier hundertmal ansetzen vielfach nichts zu Ende bringen
abseits, schweifend, nur ein unbefangenes Flattern, ein Falter, der dort empor
taumelt, Mal zu Mal ungestümer, aber nun bereitete ich vor, wunderliche Stunden

V

unannehmbar war ja jede Wahrheit mir geworden, zutrauliche Anlaute umgaben
jetzt behäbigen Gleichmut, der unter uns blieb. ich sah den Wagen am Himmel
Gespinst meiner Verwirrung – deutete das nicht weiter, aber morgen?
der Geruch deines Halses, während sich Jahr um Jahr unter uns zurückzog –

was ich dir einmal sagte, galt nicht mehr, dressieren die Reden von Gestern denn
auf Gesten von Morgen? ich fand dich schlafend, geborgen im Dunkel der Schale
– jetzt bist du mein, über Brücken hinweg, was brach, war das Gute Schöne, nun
ist schutzloser Schlummer dieses Im-Licht-Stehens, unter Emblemen ein Fluss

von verschiedenen Zeiten und im Schutz eines Nichtbleibens weise ich dich darauf
hin: hier war ein Moment unserer Liebe, hier verschwand im Geäst, was nun nicht
auffindbar ist, ich versuchte einen Satz an dich anzulehnen, ich ging über uns hinaus
doch leichthin gesagt: auch die Bäume stehen in Ketten, im Innersten unbewegt

VI

wie etwas, das selbst den Traum nur flüchtig durchquert, und ich nun
den Blick abwende aus der Höhe, die Wurzeln ansehe, das Erdreich
schweren Geruch in der Nase – streifende Irrlichter, dies Gestrüpp
Dickicht aus Licht und Schatten. Erde Totes Mulm und morsche Äste

ich sehe Käfer ab und an schwirren nicht weit oberhalb des Grases Mücken
Stechfliegen, viele Farben tragen sie, das wird aufgezeichnet in Büchern
Kompendien und ich weiß nicht, ob ich sie noch erkenne oder schon Seiten
blättere mit Bezeichnungen, die mir nie zuvor zu Ohren kamen, das strengt an – –

anderetwegen kam ich. lagerte hier, räuberisch, unduldsam mit den Bewegungen
der kleinen Tiere, wie sie sich sammeln, einander zuarbeiten, lauerndes Gekrabbel
während ich nicht abließ meine Gedanken aufzulösen, lautlos im Getöse
aneinander reibender Blätter, gläserne Vordämmerung – kristallines Gedächtnis

VII

so Stund um Stund Schwerefelder, was geschah allmählich sich ansammelte
dass Randlinien an Landstrichen überbordeten ortlos Dämmerung wie Quellen
geriet die Welt aber: Welt ins Strudeln, suchte schimmernde Einbilder in Überblendungen Wendungen der Rede, die uns verwandelte anlautend mäandernd

Gedanken Dankbarkeit – alle vertrauten Ansichten zerstäubender Lichtregen –
betäubt von der Rauheit des Waldes aufgeschürft Kristalle schöpfend im Fluss
Wasserstürzen Brausen, darin gelassen zu stehen, innerlich überströmt, in allen
Wandlungen zeitlos beschneit wie taub in allen Tatsächlichkeiten noch entrückt

flirren die Sinne verfließen wieder und Treibholz Blätter Triften für Botschaften –
treibend, dass alles verflösse, überrascht bin ich überrauscht, ein Schreck fährt in
mich ein, reißt eine Stelle des Staunens, wasserschwer – das ist mir lieber, als deine
Gestalt zu verlassen, deine Erdnähe schwinden zu sehen wie an Regentagen, folgend

Treiben

wenn wir den Schatten einer Wirklichkeit abträumen
    und

das Spiel sich zu wiederholen beginnt

stünde ich im Innern aufgelöst, überströmt

(träumend, der heilige Georg ritt durch einen Wald)

und das Licht setzte das Fenster in Brand im Bad, Licht, das kein Gedanke löscht, schwankende Wasserbilder, gespiegelt, triefnasses Haar – stünde ich vor der rohen Wand

Wasserspiegel und Täler, in denen sich Frühnebel erhebt, weite Täler voll Grün, und in diesem bald abebbenden, bald anschwellenden Durcheinander von Vogelstimmen identifizieren wir: den Hausrotschwanz, sein knisterndes Zwitschern …

ununterbrochenes Ineinanderfließen der Flüsse, Flusszuläufe und Meere, tausende kopulierende Frischlinge, Variationen von Versteckspielen und Neckereien, tausende Äxte und Motorsägen, die in dieser Sekunde Bäume fällen, im Lärm an dieser oder jener Kreuzung

und ich übrig bleibe *(nicht als Einziger, aber einzeln)*

jedes Bild ließe sich problemlos verdoppeln *(und tauchte wie die Katze im Ablauf einer fehlerhaften Matrix als Déjà-vu auf)*

– warten wir wiederholt – –

(und das Ausbleiben blieb)

sich mit der Langsamkeit einer Schildkröte die Pupillen aufschieben

ein einziges Gebrumm *(sumsilaedi)*, so nahe am Nichts aus Sonne und Neuland, Summe aus Saum und Schaum *(sommé)*, Randgedanken, überrankt von einem einzigen Traum

(und das ohne Rückhalt in der Bevölkerung)

als flössen Fäden durch die Hand

bewegliche Gesprächspausen

widerstandslos durch die Welt zu treiben, subjektlos, unbeeinträchtigt – das verschaffte eine Ahnung von Weite –

anteilig werden, Teilhaber sein, aufgehen in Koinzidenzen

auf die wir warten: rote Bojen im goldschimmernden Meer aus Zahlenwerk, pechschwarzem Glück: Annullierungen der Märkte, gleichförmig, wellenweich

nicht weit von Verwunschenem, zeitlosen Welten und verhalten atmenden Figuren. wo Momente von Vorhersehung aufscheinen und jede Abweichung in dunkle Ströme eintauchen lässt, ist es ein Sturz ins Lebendige, das ginge nur ohne Umschau, überraschelt, verliefen wir uns in entlegene Landschaften, in denen ein Gedächtnis wie seit jeher stünde umhüllt uns Ahnung, steigt zu Kopf Wärme, mit Benzingeruch vermischt, ein Frühsommerabend, Trumm im Dämmer, verquollen äugt der Himmel – am Klang entlang treibend *(ins Halbdunkle, bricht)*

Funkspruch *(Weltall)* – blau der Ameisenplanet – wie abgefrorene Finger blau

gelebter Augenblick sei dunkel, Brocken. glimmert dick Strom. Vogelruf sprudelt, aufgehoben *(null)*

ich wache auf unter Konfusionen, lasse mich vom eigenen ansteckenden Gähnen hinabziehen

– ich träumte etwas Fatales, einen Überfall, er schien echt –

ein Dickicht, Gold rieselte durch einen Riss, auf das Geäst. und ein Wort, das Erschaffung folgen ließ wie wandernde Trosse, ich schaue von oben auf die Bewegungen der Stadt, sie flimmert

und woran denken? auf diesem Fleckchen Erde, diesem Winkel im Winkel, auf schwarzer Scholle, Fieberwahn und Überblendung: weißes Eis, aneinander treibend, klingend, klirrend

teile teile die Teile. Gott in dieser erstaunlichen Apathie. in der Menge verloren zu gehen

Tage, Nächte, Anfang und Ende *(Benedikt des XVI.: doppelte)* Nullen – getrennt: nichtig, nur Abort, Abraum, Wüste *(nulla, nulla)*. dann die Überlieferung von Keim und Kugel *(o)*, vom Rettenden, Vollkommenen *(∞)*. wie mans auch wendet: Variation von Abstraktion und Füllung. zieh deine Kreise, schmieg sie aneinander, erleuchte dich – aber keine Wette führte in die geschlossene Gottesanstalt – und keine Setzung hinaus aus der Gleichgültigkeit *(alle Zahlen und Marken werden in der Null getilgt: nichts geht uns mehr an)*. jedes offene Spiel in der Welt *(1–∞)* wird von Minusahnung, dem unsichtbaren Rest, der nicht aufgeht, kontaminiert

wuchs ich auf als einer unter vieren, wache auf, einer unter vielen, unter dreiundzwanzig, unter dreihunderttausend. Gruppe, Stadt, Strukturen ... ich trieb jemandem zu, unweigerlich, doch warum verharrt man dann in den Gewohnheiten, Fügungen, einer Idee, die nur noch den Schlafraum stellt, bis dies matte Gefühl bleibt, etwas verwirkt zu haben? unsere Nachkommen verschärfen nur die Krise und wir sterben zu langsam weg. diese ungehaltene Nähe, Population von Kindern, die Ja und Nein erproben und die Variationen der Macht in winzigen, aber unwiderruflichen Dosen zu sich nehmen ...

seltsam, wie sich alles verschiebt

wahr ist: manches gefällt, anderes nicht, unbewegt. es ist dabei auch egal, um was es sich handelt. unter uns schwärmen wir, spannen die Verbindlichkeiten bis zum Zerreißen auf

nur losgelöste Fuseligkeit verwirrt sich ab und an in die Ahnung einer Revolte von weltgeschichtlichem Ausmaß. jeder Desperado mit Sprengsatz am Gürtel brachte einen Anflug von Genugtuung: man hätte involviert sein können

noch einmal innen sein, alles wie zugespielt. hingehen in die Nacht eines Gartens, und sei es ballistisch berechnet, aber die Nähe annehmen, sich zumuten, die Ereignisse vorübertreiben spüren, im Rücken: der Augenblick. endlich durchlässig werden, wenn einzelne Dinge allmählich in ihrer Verbundenheit, Klarheit, Schwere hervortreten, wie sie dann so für sich sind, unbehelligt

ich werde euch die Herzen weit machen. wir werden alle Macht brechen, Verwunderung ausstreuen und untergehen in der von Pragmatikern vertuschten Gewalt, den Blutströmen, aber entrückt bis eine Figur auftaucht, die diesen ganzen leeren Kelch der verbindungslosen Pausen austrinkt

der heilige Georg ritt durch einen Wald, am Quellwasser vorbei, und wieder durch Wald. er hielt an, er stieg vom Pferd, er ruhte, er setzte wieder auf, ritt weiter fort

(als wollte er den ganzen Erdkreis abmessen)

Inhalt

{05   Wetterfelder

07   Verschwommene Ränder
10   freeze frame
13   Wasserziehen
16   Vakuum
19   Ladungen
22   Einfallswinkel
25   Wolkenvlies
28   Skizzen von Flüchtigkeit

{31   Kulissenleuchten

33   Prag
34   Zürich, du bist mein Zwingli
35   *(Tusch!)*
36   Gruppenrahmen
37   slowakische Nachmittage *(Köpenick)*
38   Minuskrone

43   Anmerkung zu Jona
44   Witiko
45   Tschechow auf der Krim
46   Autorin aus der Hejan-Zeit
47   Palinodie
48   Inventar der Welt

{49	**Quellwasser**
51	Erdreich
52	Dachkammer
53	Illuminationen, oder?
54	Venedig im Radio
55	Globusspiel
56	Selbstporträt mit Sülze
59	Novemberlicht
60	Rauschen
61	Streit
52	Mittsommernachtstraum
63	*(cornu copiae)*
64	Bewegungen unter Bäumen
{71	**Treiben**